EIN FROHES

Osterfest

Unterhaltsame
Hasengeschichten

Der Osterhase

VOLKSWEISE

Seht, wer sitzt denn dort im Gras?
Stille, still, der Has', der Has'!
Guckt mit seinem langen Ohr
aus dem grünen Gras hervor.
Lasst uns schauen, was im Nest
liegt so kugelrund und fest.

Eier, blau und grün und fleckig,
Eier, rot und gelb und scheckig.
Häslein in dem grünen Wald,
bin dir gut und dank' dir halt.
Häslein mit dem langen Ohr,
dank' dir tausendmal davor!

EIN FROHES

Osterfest

Unterhaltsame
Hasengeschichten

benno

Bibliografische Information der Deutschen Nationalbibliothek
Die Deutsche Nationalbibliothek verzeichnet diese Publikation
in der Deutschen Nationalbibliografie; detaillierte bibliografische
Daten sind im Internet über http://dnb.d-nb.de abrufbar.

Besuchen Sie uns im Internet:
www.st-benno.de

Gern informieren wir Sie unverbindlich und aktuell auch in unserem
Newsletter zum Verlagsprogramm, zu Neuerscheinungen und Aktionen.
Einfach anmelden unter www.st-benno.de.

ISBN 978-3-7462-5876-8

© St. Benno Verlag GmbH, Leipzig
Zusammenstellung: Volker Bauch, Gößnitz
Umschlaggestaltung: Ulrike Vetter, Leipzig
Covermotiv: Feldhase, Albrecht Dürer (Aquarell, 1502)
Gesamtherstellung: Ufer Verlagsherstellung, Leipzig (A)

Inhalt

Vor Ostern

EUGEN ROTH

Wie der Märzwind stößt und stürmelt;
dort, die graue Wolkenherde
übern Himmel hergeblasen,
stupft, mit weichen, nassen Nasen
an die Erde; so, als möchten
junge Pferde hier schon grasen.

Unterm Rasen wühlt's und würmelt.
Weidenruten wehen gelber,
wie wenn sie sich Zöpfe flöchten.
Menschen gehen auf den Straßen,
reden seltsam mit sich selber,
rührn die Hände, wild bewegt,
wie wenn mit dem Wind sie föchten.

Und dein Kind jagt aufgeregt
nach dem ersten Osterhasen.

Ostermärchen

JOACHIM RINGELNATZ

Am Abend vor Gründonnerstag lag der kleine Fritz mit wachen Augen im Bett und konnte nicht einschlafen. Beständig musste er an morgen denken, wo er mit seinen Geschwistern – wie alle Jahre – Ostereier suchen würde. Wie viele es wohl sein und wie sie wohl aussehen und wie groß sie sein würden? Während er noch darüber nachsann, hörte er plötzlich hinter sich ein feines Stimmchen seinen Namen rufen. Mehr erstaunt als erschreckt drehte er sich um und sah – einen kleinen Hasen auf dem Stuhl am Kopfende seines Bettes sitzen. »Mein Name ist Kohlfraß«, sagte das Häschen, »darf ich dich zu einem Spaziergang einladen?«

Fritzchen verwunderte sich zwar ein bisschen über den Einfall, jetzt spazieren zu gehen, erklärte sich aber bereit und folgte, nachdem er sich angezogen, dem Häschen, das im schnellen Laufe durch Zimmer und Vorsaal die Treppe hinunter, zur Stadt hinaus, über Wiesen und Felder voraneilte. Schneller war Fritz noch nie gelaufen.

Endlich hielt sein Führer vor einem hohen Felsen. »Dies ist der Osterhasenpalast«, sagte Kohlfraß, »hier werden die Eier verfertigt, die wir Hasen dann in den Gärten und Stuben für artige Kinder verstecken. Eigentlich dürfen Kinder hier nicht hinein. Da du aber besonders brav gewesen bist, so will ich dir heute einmal alles zeigen.«

Hierauf zog das Häschen aus einem seiner Ohren ein Schlüsselchen hervor, das es in eine Felsritze steckte. Sogleich öffnete sich eine Türe, und sie traten in einen finstern Gang. Plötzlich

ward es hell, und nun standen sie vor einem ungeheuren offenen Tore, durch das man in einen großen, hellen Saal schaute, der wieder in drei kleinere Säle abgeteilt war. Vor dem Tore stand eine Hasenschildwache mit einem Gewehre, das sie sofort auf Fritzchen anlegte.

Dieser flüchtete entsetzt hinter seinen Begleiter. Kohlfraß aber raunte der Schildwache nur ein Wörtchen zu, worauf diese sogleich das Gewehr senkte und ehrerbietig präsentierte. Die zwei traten nun in den ersten Saal. »Hier werden die Eier gelegt«, erklärte Kohlfraß.

Fritzchen sah mit Staunen: Da kauerten Tausende von Hasen und Häschen am Fußboden, der mit weichem Moos belegt war. Sie hielten sämtlich die Vorderpfoten in die Seiten gestemmt und stöhnten und keuchten ganz schrecklich – das Leben musste doch sehr anstrengend sein! –, während der Eierhaufen neben einem jeden immer größer und größer wurde. Es waren auch Zuckerhasen darunter, die legten natürlich Zuckereier. Fritzchen sah auch welche aus Marzipan, Schokolade, ja aus Glas – und sogar aus purem Golde! Ging einmal ein Ei entzwei, dann geschah etwas Schnurriges: Es schlüpfte nämlich sofort ein Häschen heraus, das gleich fleißig mitlegen half. Andere Hasen gingen umher, sammelten die Eier in Körbchen und trugen diese fort.

Fritzchen wurde nun von seinem Begleiter in den zweiten Saal geführt. Hier saßen Tausende von Hasen auf Kohlblättern, große Farbtöpfe neben sich und Pinsel in den Pfoten. Fritzchen bemerkte, dass sie fast alle mit Farbenklecksen besprizt waren. Sie trugen große Brillen auf der Nase, ließen die Ohren hängen und taten sehr wichtig.

»Die Maler«, erklärte Kohlfraß.

Fritzchen beobachtete mit Vergnügen, wie die langohrigen Künstler mit erstaunlicher Geschwindigkeit die Eier rot, gelb, blau und grün bepinselten, allerlei Figuren hineinkratzten und auf den Zucker- und Schokoladeneiern mittels kleiner Spritzen Herzen, Namenszüge und andere Formen aus Zuckerguss anbrachten. Die auf diese Weise fertiggestellten Eier wurden von anderen Hasen in den dritten Saal geschafft, wo sie, sorgfältig mit Moos umhüllt, in Körbe gepackt und von Hasendienstmännern fortgetragen wurden.

Fritzchen war inzwischen von Kohlfraß in den dritten Saal vor den Osterhasenkönig gebracht worden.

Dieser, ein Hase von riesenhafter Größe, saß in einer ungeheuren Eierschale, von einer Schar von Hasenhöflingen umgeben, die alle bei Fritzchens Eintreten aufsprangen und höflich Männchen machten – was bei den Hasen dasselbe wie bei unseren Soldaten das Salutieren ist. Seine Majestät hatte erstaunlich lange Ohren, die durch den ganzen Saal reichten und deren er sich ab und zu bediente, einem unfolgsamen Untertanen eine Ohrfeige zu verabreichen.

Er redete übrigens Fritzchen sehr freundlich und leutselig an, riet ihm, immer so brav und gut zu bleiben wie bisher, und überreichte ihm schließlich ein Osterei.

Hoch erfreut seinen Dank stammelnd, wollte Fritzchen es entgegennehmen, erfasste es auch bereits, da – o weh! – entglitt es seiner Hand und zerschlug – klack! – auf dem Fußboden. Sogleich kamen eine Menge Hasen daraus hervor, sie fingen an zu legen und legten und legten – ein Ei nach dem andern in einem fort! Im Nu war der ganze Boden mit Eiern bedeckt. Die Hasen aber legten weiter und immer weiter: Jetzt reichte der Eierhaufen schon bis an Fritzchens Schultern. Und mit einem Mal ward es ihm schwarz vor den Augen, ihn überkam eine furchtbare Angst, er schrie laut auf und – erwachte.

Er lag in seinem Bette: Alles war verschwunden, bis auf ein kleines Schokoladenei, das er in der Hand hielt. Darauf stand ein K und ein L: König Lampe.

Unterm Baum im grünen Gras

UNBEKANNT

Unterm Baum im grünen Gras
sitzt ein kleiner Osterhas'!
Putzt den Bart und spitzt das Ohr,
macht ein Männchen, guckt hervor.
Springt dann fort mit einem Satz
und ein kleiner frecher Spatz
schaut jetzt nach, was denn dort sei.
Und was ist's? Ein Osterei!

Die Sonne geht im Osten auf

CHRISTIAN MORGENSTERN

Die Sonne geht im Osten auf,
der Osterhas' beginnt den Lauf.
Um seinen Korb voll Eier sitzen
drei Häslein, die die Ohren spitzen.
Der Osterhas' bringt just ein Ei –
da fliegt ein Schmetterling herbei.
Dahinter strahlt das blaue Meer
mit Sandstrand vorne und umher.
Der Osterhas' ist eben fertig –
das Kurtchen auch schon gegenwärtig!
Nesthäckchen findet eins, zwei, drei,
ein rot, ein blau, ein lila Ei.
Ein Ei in jedem Blumenkelche!
Seht, seht, selbst hier, selbst dort sind welche!
Ermüdet leicht im Morgenschein
schlief Kurtchen auf der Wiese ein.
Die Glocken läuten bim, bam, baum,
und Kurtchen lächelt zart im Traum.

Di di didl dum dei,
wir tanzen mit unsern Hasen
umgefasst, zwei und zwei,
auf schönem, grünen Rasen.

Des Nachts

CHRISTIAN MORGENSTERN

Des Nachts im Traum auf grünem Rasen
beschenken Paul die Osterhasen.
Zwei Eier legen sie gewandt
ihm auf den Arm und unter die Hand.
Am Himmel steht der Mond und denkt:
Ich werde nicht so schön beschenkt.

Osterhase

Friedrich Güll

Die Kinder springen um den Vater her;
der Vater weiß gar eine lust'ge Mär:
Hab ich mir's schon längst gedacht,
ist der Schnee einmal gewichen,
eh wir's denken, über Nacht,
kommt das Häslein auch geschlichen.

Heut streif ich so am Buchs
hin mit meinem Bohnenstecken,
husch, da rappelt es, und flugs
springt das Häslein durch die Hecken.

Und in einem dicken Strauch
bleibt es losend wieder hocken;
mäuschenstille schleich ich auch
gleich ihm nach als wie auf Socken.

Und da sitzt's in Heu und Moos,
Eier ringsumher im Kreise,
schier wie meine Faust so groß,
gelbe, rote, blaue, weiße.

Kinder! Nun nach altem Brauch
wollen wir das Häslein jagen.
Wer es fängt, der darf dann auch
heim die schönen Eier tragen.

Klitsch und klatsch! Heraus, heraus!
Häslein mit den langen Ohren,
ist dein Nest am Gartenhaus
oder bei den Brunnenrohren?

Pitsch und patsch! Hervor, hervor!
Häslein mit den kurzen Beinen,
ist dein Nest am Scheunentor
oder bei den Wiesenzäunen?

Klitsch und klatsch! Ohn Unterlass
klopft mit Stecken und mit Stangen.
Pitsch und patsch! Das ist ein Spaß,
bis das Häslein ist gefangen!

Bis die Eier, rot und weiß,
alle wir im Körbchen haben.
Hurtig denn herum im Kreis,
hurtig auf und ab, ihr Knaben!

Unser Nestquack muss jedoch
dort am Gartentürchen passen
und darf ja durch's Schlüsselloch
nicht das Häslein schlupfen lassen.

Gnädige Erlaubnis – Ein Osterduett für einen Hasen und eine Henne

JULIUS LOHMEYER

Henne:
Gock-Gack! Gock-Gack!
Postz Schabernack!
Eier legt der Hase?
Richtig, im Grase
seh' ich sie liegen –
s' ist doch gleich, um den Pips zu kriegen!
Lampe, was hast du dich erfrecht? –
Eier zu legen, ist allerwegen
doch in der Welt mein Geschäft und Recht!
Wofür bezahl' ich denn Steuer und Zins?

Rote und blaue?
Gelbe und graue?
Sind das Eier? Rechtschaffne Eier?
Zauber- und Teufelseier sind's!
Wart'! Das sag' ich der Polizei!
Wart'! Die wird dir das Handwerk legen!

Osterhase:
Aber so mach' doch kein solches Geschrei
der paar lumpigen Eier wegen!
Tu's ja doch um der Kinder willen
ganz im Stillen!
Bist doch sonst ein verständiges Huhn.
Will's ja im Jahr auch nicht wieder tun!
Wenn ich's zu Ostern tu',
drück' nur ein Auge zu!
Bitte empfiehl mich dem wackeren Herrn Hahn!
Eier von Zucker und Marzipan
würden dir doch nicht zu legen gelingen.

Henne:
Geht auch nicht zu mit rechten Dingen!

Osterhase:
Hör' nur der Kleinen Jubeln und Singen!
Sieh' nur, sie suchen die Eier im Gras!
Geh' und verdirb mir nicht heute den Spaß!

Henne:
Sei's um die Kinder denn! Gock und Gack!
Aber auch nur für den Ostertag!

Fünf Merksätze für den Umgang mit Osterhasen

NORBERT LANDA

1. Wenn du einem Osterhasen begegnest, der sich nicht von der Stelle rührt, dann ist er wahrscheinlich aus Plüsch oder Schokolade. Es gibt zwei Osterhasentests:

Der Dauertest: Setze dich eine Stunde regungslos dem verdächtigen Hasen gegenüber. Wenn er sich nicht rührt, dann ist er nicht echt.

Der Pustetest: Nimm eine Pusteblume und puste die Fallschirmchen in Richtung Hasennase. Wenn der Hase niest, dann ist er echt.

Merke: Osterhasen, die niemals hüpfen und niesen, sind wahrscheinlich falsch.

2. Wenn du einem Osterhasen begegnest, der durch den Krautacker hoppelt oder über den Feldweg flitzt, dann handelt es sich in siebenundneunzig von hundert Fällen um einen wilden Hasen.

Mit folgendem Test kann man Osterhasen und wilde Hasen unterscheiden. Winke dem Hasen zu und rufe: »Danke, lieber Osterhase, für die schönen Sachen.« Wenn er zurückwinkt und ruft: »Nichts zu danken, man tut nur seine Pflicht!«, dann ist es ein wilder Hase, der sich verstellt.

Merke: Osterhasen geben sich nie als Osterhasen zu erkennen.

3. Behaupte niemals, dass es in Wirklichkeit keine Osterhasen gibt. Sie haben nämlich lange Ohren und können dich hören.

Merke: Osterhasen sind sehr schnell beleidigt.

4. Versuche nie, Osterhasen zu beobachten. Sollte es dir tatsächlich gelingen, einen bei der Arbeit zu ertappen, so glaubt dir das sowieso niemand. Und Geschichten, die einem niemand glaubt, taugen nicht viel.

Merke: Osterhasen haben ein Recht auf ungestörte Arbeit.

5. Wenn ihr drei Kinder seid und am Ostersonntag bloß zwei Nester findet, dann fangt bloß keinen Streit an. Sucht weiter. Irgendwo hat der Osterhase sicher noch ein drittes Nest versteckt.

Merke: Osterhasen haben ein gutes Gedächtnis und können ausgezeichnet zählen.

Grubers Osterdekoration

ROLF KRENZER

Wir hatten die Familie Gruber im Urlaub kennengelernt. Unsere jüngste Tochter war so alt wie Jutta, die einzige Tochter der Grubers, und über die Kinder entstand dann so etwas wie eine lockere Freundschaft. Wir entdeckten einige gemeinsame Interessen, sodass wir abends oft bis spät in die Nacht zusammensaßen. Nach dem Urlaub kam es dann zu häufigeren brieflichen Kontakten, und zu Beginn des neuen Jahres luden uns Grubers ganz herzlich für ein paar Tage nach Königsbrunn ein, wo sie auch ihre kleine Buchhandlung hatten.

In diesem Jahr begannen die Osterferien in Hessen bereits sehr früh, sodass wir uns entschlossen, bereits in den ersten Ferientagen nach Königsbrunn zu fahren. Wir verabredeten am Telefon, dass wir am frühen Abend ankommen wollten, und Herr Gruber faxte uns noch eine Wegbeschreibung, damit wir sie auch leicht in der Heinestraße finden konnten.
Wir waren früh am Morgen mit dem Wagen aufgebrochen, doch der erwartete und im Rundfunk vorhergesagte Stau auf der Autobahn in Richtung Süden fiel überraschend aus, und so landeten wir viel früher als vorgesehen in Bayern und hatten bereits gegen dreizehn Uhr mithilfe der Karte Königsbrunn gefunden. Um nicht zu früh bei Grubers einzubrechen, suchten wir uns zunächst ein Restaurant, aßen zu Mittag und machten uns dann zu Fuß auf den Weg zur Innenstadt, wo wir auch bald darauf Grubers kleine Buchhandlung fanden. Wir drückten uns noch bis um 15 Uhr in der Stadt herum, betrachteten intensiv

die vielen Schaufenster in der Nähe und gingen dann zur Buchhandlung, die jetzt wieder geöffnet war.

Nach der ersten Begrüßung kam es mir so vor, als wäre es besonders Frau Gruber nicht so ganz recht, dass wir bereits früher als vorgesehen eingetroffen waren. Doch ich konnte mich auch getäuscht haben. Jedenfalls telefonierte sie sogleich mit ihrer Tochter zu Hause und meldete unsere Ankunft an, gab ihr auch Order, Kaffee zu kochen und den Kuchen, den Frau Gruber für alle Fälle bereits besorgt hatte, auf den Tisch zu stellen.

»Jutta bereitet alles vor!«, sagte sie dann. »Sie zeigt euch auch eure Schlafzimmer, sodass ihr euch nach der langen Fahrt ein bisschen ausruhen und frisch machen könnt!«

Grubers selbst blieben bis zum Geschäftsschluss hier und hatten bereits für uns alle das Abendessen in einem gemütlichen Landgasthof bestellt. Von diesem Landgasthof hatten sie uns bereits im Urlaub viel erzählt.

Als wir später in Grubers Hof unseren Wagen geparkt hatten und Jutta uns auf unser Klingeln die Haustür öffnete, war sogleich die alte Vertrautheit zwischen den beiden Mädchen und uns wieder da, wie wir sie noch vom Urlaub her kannten. Jutta gestand auch sogleich meiner Frau, dass sie mit dem Kaffeekochen gewartet hätte und es ihr lieber wäre, wenn meine Frau dabei helfen könnte. Sie war sich nicht so sicher, wie viel Löffel Kaffeepulver sie nehmen musste. Aber dann beim Kaffeekochen sagte sie, dass ihre Eltern, besonders Mama, sicher nicht so ganz glücklich wären, dass wir nun bereits so früh da waren.

»Mama wollte heute nach dem Mittagessen noch die Osterdekoration aufstellen!«, sagte Jutta entschuldigend. »Aber sie hat es einfach nicht mehr geschafft. Und allein kann ich das nicht. Ich mache es Mama nie recht!«

Wir konnten uns nicht so recht vorstellen, was Jutta damit meinte, dachten wohl eher an die vorösterlichen Schaufensterdekorationen und -angebote, die es ja nun zur Zeit überall zur Genüge gab und die uns bereits seit kurz nach Weihnachten in den Kaufhäusern verfolgten.

Später, als dann Grubers nach Hause kamen und wir uns erfrischt wieder im Wohnzimmer einfanden, entschuldigte sich auch Frau Gruber noch einmal wegen der fehlenden Dekoration. Wir nickten und lächelten verständnislos. Herr Gruber war die ganze Angelegenheit anscheinend nicht so wichtig wie seiner Frau. Jedenfalls ging auch er kommentarlos darüber hinweg.

Nach einem gemütlichen Abendessen in dem Landgasthof und einem anschließend noch langen Abend bei Grubers beschlossen wir, am nächsten Morgen zusammen mit Grubers zu frühstücken, die gegen neun Uhr im Geschäft sein mussten. Wir hatten uns vorgenommen, mit dem Wagen ein Stück zu fahren und dann ein größeres Stück zu wandern. Der blaue Frühlingshimmel lud geradezu dazu ein. Morgen, am Samstag, würden Grubers ihren Laden bereits zum Mittagessen schließen, sodass wir dann bis Sonntagabend gemeinsam einiges unternehmen wollten.

Wie staunten wir aber, als wir das Esszimmer, das mit dem Wohnzimmer direkt verbunden war, an diesem Morgen betraten. Bunte Frühlingsblumen, echt oder als kunstvoll gestaltete Plastik- und Stoffgestecke waren auf den Fensterbänken, auf den Schränken und auf den Tischen aufgestellt, umsäumt von dottergelben Plüschküken und bunten Hühnern und Hähnen aus den unterschiedlichsten Materialien. Auch alle möglichen Osterhasenfrauen, -männer und -kinder in verschiedenen Größen fehlten ebenso wenig wie eine Auswahl von Ostereiern, die kunstvoll bemalt in Seide verpackt oder aus Ton, Holz und Kunststoff gebastelt waren. Vor den Platz unserer Tochter hatte man noch zusätzlich eine kleine »Häschenschule« aufgestellt: bunt

angezogene Osterhasen, die auf winzigen Schulbänken hockten und von einem Osterhasenlehrer vor einer aufgestellten kleinen Tafel mit erhobenem Zeigestock unterrichtet wurden.

Ich hatte diese Häschenschule bereits als Sonderangebot irgendeiner größeren Kaffeemarke in deren Verkaufsläden gesehen. Sie war das Geschenk der Gastgeber für unsere Tochter.

Beim Frühstück erzählte uns Frau Gruber dann, wie unglücklich sie gewesen war, dass sie es nicht mehr geschafft hatte, ihre Osterdekoration noch vor unserer Ankunft zu Hause aufzustellen. Sie gehöre bei ihnen einfach zu Ostern. Wir nickten und bewunderten all die niedlichen Osterutensilien, die sicher ausnahmslos recht teuer gewesen waren, und hofften, dass uns niemand ansah, wie verständnislos wir all dem gegenüberstanden.

Im Wagen später diskutierten wir lange, was das nun eigentlich mit Ostern zu tun habe und was diese anscheinend so modern gewordenen Osterdekorationen letztlich bezwecken sollten. Dabei mussten wir sehr vorsichtig sein, um unsere Tochter nicht zu verletzen. Sie ließ auf die Häschenschule, die sie heute Morgen als Überraschungsgeschenk auf ihrem Platz gefunden hatte, nichts kommen und hätte es uns verübelt, hätten wir uns darüber lustig gemacht. Sie ist ja auch wirklich einfach zu süß!

Zwischen Berg und tiefem Tal

ALTE VOLKSWEISE

Zwischen Berg und tiefem, tiefem Tal
saßen einst zwei Hasen,
fraßen ab das grüne, grüne Gras
bis auf den Rasen.

Als sie sich nun satt gefressen hatten,
setzten sie sich nieder,
bis dass der Jäger, Jäger kam
und schoss sie nieder.

Als sie sich nun aufgerappelt hatten
und sie sich besannen,
dass sie noch am Leben, Leben warn,
liefen sie von dannen.

Nikolausi

Gerhard Polt und Hanns Christian Müller

SOHN: »Nikolausi ...«

VATER: »Hehehe, der Kleine, hehe, nein, das ist nicht Nikolausi, das ist Osterhasi, hehehe hehe.«

SOHN: »Nikolausi ...«

VATER: »Hehehe, nein, das ist nicht Nikolausi, weißt du, jetzt ist ja Frühling. Es ist ja jetzt nicht mehr Winter, hehehehe.«

SOHN: »Nikolausi ...«

VATER: »He, nein, he, das ist Osterhasi, weißt du, Osterhasi mit den Öhrli, hehehe, der bringt Gaggi für das Bubele, hehehehe, jaja.«

SOHN: »Nikolausi ...«

VATER: He, nein, also nein, nein, weißt du, das handelt sich hier nicht um, äh, um, um Nikolausi, das ist Osterhasi, net, das ist ein Osterhasi, kein Nikolausi, gell?«

SOHN: »Nikolausi ...«

VATER: »Ja also, nein, jetzt hör doch mal zu, net, wenn ichs dir scho sag, das ist, es handelt sich hier nicht um ein Nikolausi, sondern um ein Osterhasi, net. Jetzt sieh das doch mal endlich ein.«

SOHN: »Nikolausi ...«

VATER: »Ja also, ja Rotzbub frecher, ja wie soll ichs dir denn noch erklären, also so was nein, gleich schmier ich dir eine, net.«

SOHN: »Nikolausi ...«

VATER: »Ja Herrschaftszeitenmalefitz, jetzt widerspricht er ständig, net. Jetzt, jetzt hör doch amal zu, wenn ich schon was sag, äh äh Nik... äh O... ähäh, das ist Osterhasi, net ...«

SOHN: »Nikolausi ...«

VATER: »Na, das ist kein Nikolausi, net, jetzt, also, wenn einer mal sich in einen Gedanken förmlich hineinverrennt, dann ist er ja wie vernagelt, net.«

SOHN: »Nikolausi ...«

VATER schreit: »Ja, also so, ja also du Rotzbub, net, das ist ein Osterhasi, das ist kein Nikolausi, Osterhasi, verstanden, Oster-ha-si!!!«

SOHN: »Nikolausi ...«

Osterhas

WILHELM RAABE

Sprang der Osterhas
durch die grünende Welt;
Kinder und Verliebte
suchten im sonnigen Feld.

Welch ein schönes Nest
hat mein Liebchen entdeckt!
Unterm Veilchenbusch
fein war es versteckt.

Viele schöne Eier
lagen glänzend drin,
und mein jubelndes Liebchen
kauerte neben es hin.

»Eier rosenrot!
Eier himmelblau!
Keins von ihnen schwarz!
Keins von ihnen grau!«

Die rosenroten
waren voll Küsse,
die himmelblauen
waren voller Lieder –
und Dämmerung ward es,
eh wir nach Haus kamen.

Ostern

Kurt Tucholsky

Da ist nun unser Osterhase!
Er stellt das Schwänzchen in die Höh
und schnuppert hastig mit der Nase
und tanzt sich einen Pah de döh!

Dann geht er wichtig in die Hecken
und tut, was sonst nur Hennen tun.
Er möchte sein Produkt verstecken,
um sich dann etwas auszuruhn.

Das gute Tier! Ein dicker Lümmel
nahm ihm die ganze Eierei
und trug beim Glockenbammelbimmel
sie zu der Liebsten nahebei.

Da sind sie nun. Bunt angemalen
sagt jedes Ei: »Ein frohes Fest!«
Doch unter ihren dünnen Schalen
liegt, was sich so nicht sagen lässt.

Iss du das Ei! Und lass dich küssen
zu Ostern und das ganze Jahr …
Iss nur das Ei und du wirst wissen,
was drinnen in den Eiern war!

Der enthüllte Osterhase oder kleine Versteck-Lehre

Walter Benjamin

Verstecken heißt: Spuren hinterlassen. Aber unsichtbare. Es ist die Kunst der leichten Hand. Rastelli konnte Sachen in der Luft verstecken.

Je luftiger ein Versteck, desto geistreicher. Je freier es dem Blick nach allen Seiten preisgegeben, desto besser. Also beileibe nichts in Schubladen, Schränke, unter die Betten oder ins Klavier stecken.

Fairness am Ostermorgen: Alles so zu verstecken, dass es entdeckt werden kann, ohne dass irgendein Gegenstand vom Fleck bewegt werden muss. Es braucht darum nicht frei zu liegen: eine Falte in der Tischdecke, ein Bausch im Vorhang kann schon den Ort verraten, an dem man zu suchen hat.

Sie kennen Poes Geschichte vom »Entwendeten Brief«? Dann erinnern Sie sich sicher der Frage: »Haben Sie nicht bemerkt, dass alle Menschen, wenn sie einen Brief verstecken, ihn, wenn auch nicht gerade in ein ausgehöhltes Stuhlbein, so doch wenigstens in irgendeinem verborgenen Loch oder Winkel unterbringen?« Herr Dupin, Poes Detektiv, weiß das. Und darum findet er den Brief da, wo sein sehr gerissener Gegenspieler ihn aufbewahrt: nämlich im Kartenhalter an der Wand, vor aller Leute Augen.

Nicht in der »guten Stube« suchen lassen. Ostereier gehören ins Wohnzimmer, und je unaufgeräumter es ist, desto besser.

Im achtzehnten Jahrhundert hat man gelehrte Abhandlungen über die seltsamsten Dinge geschrieben: über Findelkinder und

Spukhäuser, über die Arten des Selbstmordes und die Bauchrednerei. Ich könnte mir eine übers Eierverstecken ausdenken, die es an Gelehrsamkeit mit den genannten aufnehmen könnte.

Sie würde zerfallen in drei Hauptstücke oder Kapitel. Darinnen würde der Leser bekanntgemacht mit den drei Urprinzipien oder Anfangsgründen aller Verstecke-Kunst.

Ad eins: Das Prinzipium der Klammer. Das wäre die Anweisung zur Ausnutzung von Fugen und Spalten. Der Unterricht in der Kunst, Eier in der Schwebe zu halten zwischen Riegeln und Klinken, zwischen Bild und Wand, zwischen Tür und Angel, in der Öffnung eines Schlüssels so gut wie zwischen den Röhren einer Zentralheizung.

Ad zwei: Das Prinzipium der Füllung. In diesem Kapitel würde man lernen, Eier als Pfropfen auf den Flaschenhals, als Lichter auf den Kerzenhalter, als Staubgefäß in einen Blumenkelch, als Birne in eine elektrische Lampe zu praktizieren.

Ad drei: Das Prinzipium der Höhe und Tiefe. Bekanntlich fassen die Leute zuerst ins Auge, was ihnen in Blickhöhe gegenüber ist; dann schauen sie nach oben, erst ganz zuletzt kümmern sie sich um das, was zu ihren Füßen liegt. Kleine Eier kann man auf Bildleisten balancieren lassen, größere auf dem Kronleuchter, wenn man ihn noch nicht abgeschafft hat. Aber was hat das alles zu sagen im Vergleich mit der Fülle von abgefeimten Asylen, die wir fünf oder zehn Zentimeter überm Fußboden zur Verfügung haben. Da kommt in Gestalt von Tischfüßen, Sockeln, Teppichfransen, Papierkörben, Klavierpedalen das Gras, in das der echte Osterhase allein seine Eier legt, sozusagen in der Großstadtwohnung zu Ehren.

Und da wir einmal bei der Großstadt sind, soll auch ein Trostwort für die noch dastehen, die zwischen spiegelglatten Wänden in stählernen Möbeln hausen und ihr Dasein, ganz ohne Rücksicht auf den Festkalender, rationalisiert haben. Die mögen

sich ihr Grammofon oder ihre Schreibmaschine nur einmal aufmerksam angucken, dann werden sie sehen, dass sie auf kleinstem Raum an ihnen so viel Löcher und Verstecke haben, als bewohnten sie eine Siebenzimmerwohnung im Makartstil. Und nun wäre es gut, diese gewitzte Liste den Kleinen nicht vor Ostermontag in die Hände fallen zu lassen.

Der Osterhase

Alexander Roda Roda

»Sie«, sprach einst der Hahn zum Hasen – höflich, doch ein wenig gereizt –, »Sie sind ja wieder einmal unglaublich populär. Ich möchte endlich das Jahr erleben, wo nicht Millionen von Osterkarten mit Ihrem Bild verschickt werden.«

Dem Hasen traten Zornestränen in die Lichter.

»Ich danke für diese Popularität. Ja, ich pfeife auf die Popularität. Wie stehe ich da vor den anderen Säugetieren, mit meinem Nest voll bunter Eier? Herr, ich bin nur ein bescheidener Feld-, Wald- und Wiesenbewohner, doch ich habe meine Mission in der Natur, ich erfülle einen höhern, wenn auch kleinen Zweck: die Fortpflanzung meiner Art. Ich bin beliebt bei Hoch und Nieder. Da erfindet irgendein müßiges Gehirn das Märchen vom Osterhasen – ich brauche Ihnen doch wohl nicht erst zu versichern, dass kein Wort daran wahr ist – und mein Ansehen ist dahin: ich bin für ewig lächerlich geworden. Was ich auch tue und wirke – man nimmt es mit beleidigendem Schmunzeln hin; jeder denkt, wenn er meinen Namen hört, an das Nest mit den bunten Eiern.«

Der Hahn antwortete sinnend: »Was wollen Sie? Die Menschen sind nun einmal oberflächlich. Die Sarah ist nicht durch ihre Kunst berühmt geworden, sondern durch ihre Magerkeit und wird das Urbild der Magerkeit noch genannt werden, wenn ihre Kunst längst vergessen ist. Moltke heißt ›der große Schweiger‹ – warum nicht ›der große Feldherr‹? Pepita ist ein Stoff – Menschikoff und Raglan sind Mäntel – Rostoptschin ein Schnaps – Henry Clay kein Staatsmann, sondern eine Zigarre.

Unsern Kindern wird Girardi ein Hut sein. Durch ein Ei ist Kolumbus bekannter als durch seine Entdeckungen geworden – und vom frommen Schweppermann wüsste kein Mensch, wenn er nicht ... Sie kennen doch die Geschichte? – Es hat sein Gutes. Ich versichere Ihnen: Es hat sein Gutes. Missverstanden oder beschimpft sein, ist gewiss nicht angenehm; immer noch besser als vergessen werden.«

Kinder, lasst uns Eier schmücken

UNBEKANNT

Kinder, lasst uns Eier schmücken,
rot oder gelb, grün oder blau,
einerlei, es wird entzücken,
ein jeder komm' er her und schau.

Linien ziehn wir zart und fein,
da sitzt der Osterhase auf der Wiese,
und das sollen seine Kinder sein,
keine Eier sind so bunt wie diese!

Und eh der Tag noch wird sich neigen,
haben wir sie hübsch gereiht,
und schon hängen sie an den Zweigen,
was ihr doch für Künstler seid!

Auf ein Ei geschrieben

EDUARD MÖRICKE

Ostern ist zwar schon vorbei,
also dies kein Osterei;
doch wer sagt, es sei kein Segen,
wenn im Mai die Hasen legen?
Aus der Pfanne, aus dem Schmalz
schmeckt ein Eilein jedenfalls,
und kurzum, mich täts gaudieren,
dir dies Ei zu präsentieren,
und zugleich tät es mich kitzeln,
dir ein Rätsel drauf zu kritzeln.
Die Sophisten und die Pfaffen
stritten sich mit viel Geschrei:
Was hat Gott zuerst erschaffen,
wohl die Henne? Wohl das Ei?
Wäre das so schwer zu lösen?
Erstlich ward ein Ei erdacht:
Doch weil noch kein Huhn gewesen,
Schatz, so hats der Has gebracht.

Die Entlarvung des Osterhasen

ERICH KÄSTNER

Ich muss ein geradezu reizendes Kind gewesen sein. – Wer mich noch nicht lange genug oder gar nicht kennt, der kann das nicht beurteilen. Denn ich habe mich im Laufe der Jahre ziemlich verändert ... Trotzdem soll mich niemand um Fotografien aus jener Zeit bitten, damit er meine damaligen Vorzüge begreife! Nicht etwa, dass solche Fotografien nicht existieren! Aber sie werden mir nicht gerecht; ich bin darauf einfach nicht gut getroffen. Eher möchte ich schon empfehlen, sich an meine Mutter zu wenden, deren Adresse mitzuteilen, ich gern erbötig bin. Ihre Auskünfte, sicher auch die meiner Tante Lina, ferner die weit zurückreichenden Erinnerungen des Fräuleins Haubold aus der Färbereifiliale und der Bäckermeisterin Wirth – um nur einige Kronzeugen meiner Kindheit zu nennen –, kurz eine imposante Summe des vollsten Vertrauens werter mündlicher Überlieferung wäre recht wohl dazu geeignet, auch den letzten Zweifel gegenüber meiner Behauptung zu entkräften, die ich zu meinem eigenen Bedauern wie einen mathematischen, jedes Beweises gern entratenden Lehrsatz wiederholen muss: Ich muss ein geradezu reizendes Kind gewesen sein. – Nichts wird dem, der Gemüt zu besitzen vorgibt, verständlicher sein, als dass ich mich mit einer ans Leidenschaftliche grenzenden Vorliebe jenes vergangenen Lebensabschnittes erinnere, in dem es mir vergönnt war, staunende Beachtung zu finden. Ja, ohne Übertreibung darf ich es aussprechen: Ich werde mir unvergesslich bleiben ... Wie wundervoll war es doch, das Raunen der Erwachsenen zu kosten, wenn ich anlässlich der öffentlichen Osterprüfungen vor das Katheder trat, um ein Gedicht von Viktor Blüthgen oder Ludwig Uhland zu deklamieren! Wie ergriff mich die Feststellung, dass die Augen des Oberlehrers voller Zärtlichkeit auf mir ruhten und dass über die Wangen auch der neidischsten Mütter Tränen der Rührung bis zu Erbsengröße rollten! Oft hat man böse Worte gegen die Musterschüler gesprochen und geschrieben; man hat sehr unrecht daran getan. Mehr sage ich nicht, obwohl gerade ich dazu berufen wäre; denn ich war ein Musterschüler, wie er prächtiger und exemplarischer nicht wieder zur Welt kommen dürfte ...

Musterschüler zu sein, ist eine keineswegs jedem Beliebigen zugängliche Aufgabe. Es ist vielmehr ein Talent, dessen Geheimnis darin besteht, den Lehrern nicht nur Freude zu machen, sondern sogar Freude an ihnen zu haben. Wer zweifelt noch daran, dass dies besondere Eignung voraussetzt? Am liebsten rufe ich Erinnerungen an das erste Schuljahr wach ... Denn jener Schritt, mit dem ich über die Schwelle des Klassenzimmers stolperte, dass die Zuckertüte ihre bunte Spitze und ihren süßen Inhalt verlor – jener Schritt bedeutete das Heraustreten des Kindes aus dem engen Kreis der Familie in die Bezirke des öffentlichen Lebens; jener Schritt galt gewissermaßen der erstmaligen Ausübung staatsbürgerlicher Pflichten. Ich wage nicht zu behaupten, dass mir damals die ganze Schwere jenes stolpernden Schrittes klar zum Bewusstsein gekommen wäre. Das wohl nicht. Aber im Herzen des zum Bürger geborenen Kindes muss sich dergleichen instinktiv geltend machen, ehe es mit dem Kopfe begriffen wird. So erging es mir. – Und ähnlich wie ich die Bedeutung des Schulbeginns empfand, sollte ich bald auch die der Persönlichkeit nachteiligen Folgen des öffentlichen Lebens spüren. – Der Lehrer meines ersten Schuljahres hieß Bremser. Genauer: Herr Bremser. Ihm verdanke ich wesentliche Förderungen. Sein Name soll mich nicht ungerecht machen. Ohne jede Übertreibung

darf ich sogar sagen: Ich habe seitdem nicht mehr allzu viel hinzugelernt. Natürlich einzelne Dinge, tausend Zahlen, windige Neuigkeiten, das wohl. Doch was ich ihm verdanke, ist weit mehr. Er lehrte mich die Wirklichkeit sehen: Er ließ mich wissen, dass nichts ohne Ursachen und Folgen geschieht und dass die Fantasie ein Organ ist, das weggeschnitten zu werden verdiente, da es doch nichts nützt, und, wenn es sich bemerkbar macht, schlimme Erkrankungen hervorruft. Und das kam so: Die letzte Stunde vor den Osterferien – ein ganzes Jahr war bereits verflossen –, diese letzte Stunde wurde weder mit komplizierten Schreibübungen noch mit einstelligen Rechenkünsten zugebracht, sondern mit improvisierten Darbietungen des Lehrers selber. Eine fraglos schöne, alte Sitte. Er ging so weit, dass er uns fragte, was er denn nun erzählen solle. Wie ein Magier, der jeden Wunsch zu erfüllen imstande ist, lehnte er seine halbkugelrunde Weste gegen die Bordkante des Katheders und ließ Blicke väterlicher Güte über die kleinen Männer gleiten. Da zuckte es in den vorschriftsmäßig gefalteten Händen; da wurden die arglosen Gesichter nachdenklich; da gingen die wunderlichsten Wünsche und Rätsel hinter den sauber gekämmten Haarschöpfen spazieren. Herr Bremser war die Geduld in Person. Ermunternd wanderten seine Augen von einem zum anderen. Schließlich sagte irgendein munteres Stimmchen: »Etwas vom Osterhasen!« Dieser Wunsch war, da Ostern vor der Schultür stand, vollkommen begreiflich. Und ebenso begreiflich war es, dass alle einverstanden waren. Jeder war willens, etwas vom Osterhasen zu hören. Freilich nicht die allgemein bekannten Tatsachen vom Legen, Färben und Verstecken der Eier, nein, etwas Apartes! Am liebsten eine kleine spannende Geschichte, in der jener wundervolle Hase die Heldenrolle spielen sollte ... Herr Bremser nickte mit dem Kopf, schwenkte das eine Bein über die Kathederecke, wie er das so zu tun liebte, schaute sinnend in den Schulgarten hinaus, der schon zu grünen anhub, räusperte sich und sagte: »Ja, glaubt ihr denn noch an den Osterhasen?« Und von dem Bedürfnis hingerissen, Kinderpsychologie experimentell zu betreiben, fuhr er fort: »Also – wer noch an den Osterhasen glaubt, der hebe die Hand!« Schon reckte er den Arm, um besser zählen zu können. – Aber niemand hob die Hand ... So sicher es war, dass alle an den Osterhasen glaubten, so klar wurde es ihnen plötzlich, dass dieser Glaube ein Zeichen von Dummheit sei. Welcher Mensch aber hat den Mut, sich zu seiner Dummheit zu bekennen? Und gar welches Kind? Mit einem Male wussten alle, dass es keinen Osterhasen gab. Niemand wusste noch, wie sich das Eierlegen sonst erklären lasse. Nun, diesen Bildungsdefekt zu beheben, war das Werk einer kurzen Stunde. Der radikale Inventurausverkauf unseres Märchenglaubens kam überraschend. Ich kann es nicht leugnen. Und dass ich zu Hause schrecklich geheult habe und dass meine Mutter sehr geschimpft hat, weiß ich noch recht gut. Aber, nicht wahr, was will das besagen gegenüber der Tatsache, dass man uns an diesem Tage menschenunwürdige Einbildungen entriss! Nun waren wir doch auf der kerzengeraden Marschroute in den Konfirmationsanzug! Noch ein paar Jahre Addieren und Dividieren, Bibelsprüche und Gesangbuchverse, Jangtsekiang und Ludwig den Bayern – das war das Wenigste ... An jenem Tage ging eine neue Sonne auf und eine alte Welt unter ... Im Ernst: Wenn ich meinem Lehrer noch einmal begegnen sollte – der Wahrscheinlichkeitsrechnung nach kann er noch rüstig am Leben sein –, ich würde ihm sagen: »Werter Herr! Sie waren seinerzeit so liebenswürdig, mich etwas plötzlich auf die Wirklichkeit vorzubereiten, als Sie den Osterhasen umbrachten. Beim Fortschritt der Menschheit, an den Sie glauben, das war für mich ein wenig hart. Und wüsste ich, dass Sie noch heute an jenen Fortschritt glauben – ich bin gern bereit, Sie von diesem

Märchen zu erlösen. Eine Liebe ist der andern wert. Aber er wird mir nicht begegnen. Und das ist ebenso gut. – Heute hat sich wohl auch das geändert. Heute sagen die Kinder, während sie zur Welt kommen, zu ihren Eltern: »Also, dass ihr es wisst! Die Geschichte mit dem Storch, die könnt ihr euch schenken! Apropos, was haltet ihr vom Darwinismus?« Ja, der Fortschritt ...

Das Osterei

Heinrich Hoffmann von Fallersleben

Hei, juchhei! Kommt herbei!
Suchen wir das Osterei!
Immerfort, hier und dort
und an jedem Ort!
Ist es noch so gut versteckt,
endlich wird es doch entdeckt.
Hier ein Ei! Dort ein Ei!
Bald sind's zwei und drei.
Wer nicht blind, der gewinnt
einen schönen Fund geschwind.
Eier blau, rot und grau
kommen bald zur Schau.
Und ich sag's, es bleibt dabei,
gern such' ich ein Osterei:
Zu gering ist kein Ding,
selbst kein Pfifferling.

Das Häslein

CHRISTIAN MORGENSTERN

Unterm Schirme, tief im Tann,
hab ich heut gelegen,
durch die schweren Zweige rann
reicher Sommerregen.

Plötzlich rauscht das nasse Gras –
stille! Nicht gemuckt! –:
Mir zur Seite duckt
sich ein junger Has –

Dummes Häschen,
bist du blind?
Hat dein Näschen
keinen Wind?

Doch das Häschen, unbewegt,
nutzt, was ihm beschieden,
Ohren, weit zurückgelegt,
Miene, schlau zufrieden.

Ohne Atem lieg ich fast,
lass die Mücken sitzen;
still besieht mein kleiner Gast
meine Stiefelspitzen ...

Um uns beide – tropf – tropf – tropf –
traut eintönig Rauschen ...
Auf dem Schirmdach – klopf – klopf – klopf ...
Und wir lauschen ... lauschen ...

Wunderwürzig kommt ein Duft
durch den Wald geflogen;
Häschen schnuppert in die Luft,
fühlt sich fortgezogen;

Schiebt gemächlich seitwärts, macht
Männchen aller Ecken ...
Herzlich hab ich aufgelacht –:
Ei, der wilde Schrecken!

Vom Ehrgeiz älterer Osterhasen

Eugen Skasa-Weiss

Als unsere Jungen Bübchen waren, stellten wir ein Eierkörbchen mit einem Biskuitlämmchen neben eine Hyazinthe und riefen mit wundergläubiger Flüsterstimme: »Schaut mal, dort drüben – hat der Osterhase da nicht etwas liegengelassen? Vielleicht für euch?«

Je erwachsener die Buben wurden, desto unverkennbarer wandelte sich das Wundergläubige in ihnen in trüffelschweinerne Sensationsbegierde. Einer nach dem anderen machte die schlichten Einfälle unseres Osterhasen despektierlich herunter. Als Vater musste ich mir sagen lassen, dass die Osterhasen anderer Eltern ihre Eier interessanter zu legen verstanden und als Meister des Versteckens Erstaunliches leisteten. Derlei hatten sie in der Schule erfahren.

Nach dieser Kritik ging unser Osterhase in sich, um dramatisch aus sich herauszugehen. Seine vormals tiefinnerliche Kunst, mit einem symbolischen Lamm und einigen Eiern auf das Fest der Auferstehung hinzuweisen, verlor von Jahr zu Jahr an Gehalt und nahm an Sportlichkeit zu.

Als die Jungen auf die Schwelle der Flegeljahre zuschritten, zog der Osterhase die Konsequenz. Seine Versteckideen verfielen mit den Manieren der Beschenkten. Er nagelte Schokoladetafeln unter die Tischplatte und versteckte gefärbte Eier in der Kugellampe der Toilette. »Wollen doch mal sehen«, sagte er mit ebenso intrigant wie väterlich verschränkten Pfoten, »ob die Herren Lausbuben mit ihren durchtriebenen Instinkten solchen Verstecken gewachsen sind.«

Allmählich entwickelte sich der Osterhase zum hochbegabten Regisseur des Chaos. Seine heidnischen Versteckspiele hinterließen durchwühlte Aschenkästen, umgestürzte Sessel, zwischen deren Drahtgeflecht sechshändig zerdrückte Marzipanküken klebten, und herabgestürzte Gardinenstangen, hinter denen es silbern geflimmert hatte.

Einer seiner besten Ideen war ein ins Katzenkistchen gewühltes Stanniolküken, das blitzend aus dem frischen Torf fuhr, als die Katze es befremdet hochscharrte. Dieses Ei wurde angewidert bejubelt und der Osterhase hart getadelt, als sie das Stanniol herunterfetzte und ein nacktes Nougatküken unter den Eisschrank jagte.

Ehrgeiz und Starübermut zerfraßen den Osterhasen in mir so sehr, dass jedes Osterfest bei uns von familiären Albtraumpsychosen eingeleitet und beendet wurde. Vier Wochen vor Ostern durchstreifte ich alle Räume und erforschte für den Osterhasen noch nie dagewesene Verstecke. Diese Verstecke durften a) nicht konventionell, b) nicht auffindbar sein und mussten c) die Überlegenheit der alten Osterhasengeneration über die jüngste schlagend beweisen. Auf diese Weise wurden die lernbegierigen Jungen geradezu süchtig, Eier zu finden und die Zimmer auseinanderzunehmen. Verzweiflungsausbrüche, die von Vatermordgedanken angeheizt wurden, wechselten mit zornigen Entdeckerfreuden. Ostern war für mich die Zeit, dem Zorn der jungen Männer einen festen Grund zu geben.

Wo, sagten sie sich als ausgewachsene Männer, wird so viel österliche Hetze im Leben noch einmal geboten?

Bei uns, wenn wir mal selber Jungen haben, um keinen Preis. Man sieht zu genau, wohin das führt; die Teppiche hochgerollt, die Wanduhr zerlegt, weil es hinter dem Zifferblatt deutlich nach Kokosei roch, der Zweitälteste zerbeult und sauer, weil er ein aufgespürtes Eiernest mit seinen Brüdern teilen sollte. Der

Jüngste verheult, weil aus seinem Fahrradsattel hellgelber Dotter floss, die Bücher aus den Regalen gezerrt, weil sich im Vorjahr hinter Gottfried Kellers »Grünem Heinrich« ein Krokanthase versteckt hatte. Die Hausfrau wie eine fauchende Wildkatze und der Friede bis Pfingsten demoliert – nein, einen solchen Rummel veranstalten wir später nicht, wir sind ja keine Narren. Aber solange sie bis zur heiligen Osterzeit das Elternhaus erreichen konnten, fuhren sie über Strecken von 800 Kilometern nach Hause, um die Hybris des Osterhasen auch im achten Semester noch zu erleben.

Theaterkenner wissen, dass in den mittelalterlichen Osterspielen eines Tages die unwürdige Figur eines Salbenkrämers auftrat, der den beiden Marien mit seinem Feilschen nicht wenig zu schaffen machte. Dieser Bursche riss die heilige Osterhandlung unnachsichtig an sich. Schlimmer noch – eines Tages steigerten Petrus und Johannes ihren Gang zum Grabe in einer Weise, dass die entzückte Liturgiekritik von Mund zu Mund kolportieren konnte: »Petrus stellte dem Johannes erfolgreich ein Bein, was brausende Beifallstürme nach sich zog.« So konnte es nicht weitergehen. »Marsch, hinaus auf den Marktplatz, wo ihr hingehört, ihr Buben!«, rief die empörte Geistlichkeit, womit die Geburt des Festspiel-Theaters aus der Osterliturgie vollzogen war.

Das Haus begann Jahr für Jahr mehr vor seiner wochenfüllenden Abseitigkeit unseres Osterhasen zu zittern: sein Publikum suchte ihn an Schurkerei zu überteufeln, seine Bedenkenlosigkeit in der Wahl der Verstecke wurde kriminell.

Aber wie zwielichtig doch der Mensch beschaffen ist: Die Jungen haben an diesem destruktiven Osterhasen mit einem Kinderglauben festgehalten, der sie weit über das zweite Lebensjahrzehnt begleitete. Dann waren die Verstecke erschöpft, weit früher als ihr Interesse, versteckte Eier aufzustöbern. Der Osterhase steht jetzt vor der Frage, soll er anbauen, um weitere Verstecke zu ermöglichen, oder soll er die Premieren der alten Verstecke für die Enkel einfach wiederholen?

Drei Hasen

CHRISTIAN MORGENSTERN

Drei Hasen tanzen im Mondschein
im Wiesenwinkel am See:
Der eine ist ein Löwe,
der andre eine Möwe,
der dritte ist ein Reh.

Wer fragt, der ist gerichtet,
hier wird nicht kommentiert,
hier wird an sich gedichtet;
doch fühlst du dich verpflichtet,
erheb sie ins Geviert,
und füge dazu den Purzel
von einem Purzelbaum,
und zieh aus dem Ganzen die Wurzel
und träum den Extrakt als Traum.

Dann wirst du die Hasen sehen
im Wiesenwinkel am See,
wie sie auf silbernen Zehen
im Mond sich wunderlich drehen
als Löwe, Möwe und Reh.

Ostermäuschen

ROLF KRENZER

»War denn der Osterhase auch bei euch?«, fragt die alte Frau Huber den kleinen David von gegenüber und bleibt ganz überrascht stehen, als sie seine Antwort hört.

Natürlich hat sie ein »Ja!« erwartet, so wie die meisten Erwachsenen eigentlich die Antworten sich selbst schon geben, wenn sie Kinder nach etwas fragen.

»Ostereier gab es!«, sagt der kleine David froh. »Aber meine Mutti sagt: ›Dieses Jahr haben wir Ostermäuse!‹«

»Ostermäuse?« Frau Huber geht einen Schritt zurück und betrachtet den Kleinen argwöhnisch. Will er sie etwa auf den Arm nehmen?

Doch unschuldig blicken zwei Kinderaugen zu ihr hoch.

»Und wo habt ihr die Ostermäuse?«

»Überall bei uns!«, meint David und breitet beide Arme vielsagend nach beiden Seiten aus. »In Annas Zimmer und im Wohnzimmer. In meinem Zimmer auch und bei Papa und Mama im Schlafzimmer!«

»So viele Mäuse?« Frau Huber kann es einfach nicht glauben.

»Ihr Kleiner hat eine blühende Fantasie!«, ruft sie laut seiner Mutter zu, die gerade drüben aus dem Haus kommt. »Er erzählt mir da etwas von Ostermäusen!«

»Stellen Sie sich das vor!« Davids Mutter stöhnt leise auf. »Am Ostersamstag haben wir es zum ersten Mal bemerkt. Und da konnten wir keine Fallen mehr kaufen. Die Geschäfte waren schon alle zu!«

»Ich habe noch mindestens zwei Fallen«, fällt ihr Frau Huber ins Wort, doch Davids Mutter schüttelt lächelnd den Kopf. »Samstag und an beiden Osterfeiertagen konnten wir keine Fallen kaufen. Und jetzt haben unsere Kinder die Mäuse ins Herz geschlossen und wollen sie am liebsten zu Hause behalten. Auf keinen Fall aber können wir sie mit einer normalen Falle töten.«

»Nicht totmachen!« Schon klammert sich der kleine David mit beiden Händen an seiner Mutter fest.

»Nein, David!«, beruhigt sie ihn. »Ganz bestimmt nicht!« Und zu Frau Huber sagt sie: »Es muss doch solche Fallen geben, in denen man die Mäuse lebendig fangen kann. Ich will mich jedenfalls einmal danach umsehen.«

Frau Huber schüttelt den Kopf, lacht aber dann freundlich und schlägt vor, dass man sich zuallererst einmal in dem großen Einkaufszentrum umsehen könnte.

»Das wollte ich auch tun!«, lacht Davids Mutter und nimmt ihren Jungen auf den Arm. »Und du kommst mit und hilfst mir beim Einkaufen.«

Frau Huber steht noch immer am Gartentor und blickt in die Richtung, in der beide auf dem Fahrrad davongefahren sind. »Na, die werden ihren Spaß haben!«, sagt sie endlich, als sie die eigene Haustür aufschließt und hineingeht.

Frau Huber ist schon recht alt und hat viel Zeit. Manchmal wollen die Stunden vom Morgen zum Abend nicht vergehen, und der Tag dauert ihr viel zu lang. Sie erlebt so wenig Interessantes, und Besuch kommt auch viel zu selten zu ihr.

So hat Frau Huber viel Zeit, hinter dem Fenster zu warten, bis David und seine Mutter wieder zurückkommen.

»Haben Sie die besonderen Fallen bekommen?«, ruft sie, als sie blitzschnell das Fenster geöffnet hat.

»Leider nicht!« Davids Mutter schüttelt den Kopf. »Mein Mann muss sich heute Nachmittag darum kümmern …«

»Soll ich Ihnen nicht doch vielleicht meine Mausefallen geben?«

»Schönen Dank«, wehrt die junge Frau mit beiden Händen ab. »Wenn wir nicht weiterkommen, klingeln wir gewiss noch bei Ihnen!« Dann ist sie auch bereits mit ihrem Kleinen im Haus verschwunden.

Am Nachmittag, als Herr Strömmer von gegenüber mit dem Auto heimgekommen, losgefahren und wieder zurückgekommen ist, da hält es die alte Frau Huber nicht mehr aus. So wird der Vater nicht nur von seiner eigenen Familie, sondern auch von Frau Huber am Gartentor empfangen. »Haben Sie diese besonderen Fallen bekommen?«, fragt Frau Huber und untersucht die drei Fallen dann ganz sorgfältig, die ihr Herr Strömmer in die Hand gedrückt hat.

»Na, dann wünsche ich Ihnen viel Erfolg damit!«, sagt sie, als sie sich verabschiedet und über die Straße zurück zu ihrem Haus geht. Am liebsten wäre sie ja dabeigeblieben. Aber das kann man schließlich nicht tun.

»Wie viele Mäuse sind bei uns zu Haus?«, fragt David, als er neben seinem Papa trippelt, um zunächst einmal in Annas Zimmer die Fallen aufzustellen. »Vielleicht zwei oder sieben?«

Sein Vater zuckt mit der Schulter. »Keine Ahnung, David! Ich weiß ja nicht einmal, wie sie hier zu uns hereingekommen sind. Und das schon zu Ostern!«

»Na, ja!«, meint Anna, Davids größere Schwester. »In diesem Jahr war Ostern auch ziemlich spät!«

»Keine Ahnung!«, sagt Papa und stellt eine Falle unter Annas Bett. Dann lässt er sich von David die zweite Falle geben und stellt sie neben den Kleiderschrank. »Du musst heut Abend aufpassen!«, sagt er und nickt Anna zu.

»Damit du nicht selbst gefangen wirst!«, fügt David hinzu und lacht. Aber dann zieht er seinen Papa schnell hinter sich her zu seinem Zimmer. Schließlich soll die dritte und letzte Falle bei ihm aufgestellt werden.

»Und wann haben wir die erste Maus gefangen?«, fragt Anna erwartungsvoll.

»Wenn sie Lust auf Käse hat, bald!«, lacht Papa. »Wenn nicht, müssen wir halt warten, bis sie in die Falle hineinläuft, vom Käse nascht und dann automatisch eingesperrt wird.«

»Und ich darf sie dann in den Garten tragen und herauslassen!«, ruft David erwartungsfroh.

»Nur, wenn es eine Maus aus deinem Zimmer ist!« Nein, Anna ist nicht ohne weiteres bereit, David den Vortritt zu lassen. Schließlich möchte sie die Mäuse ebenso gern befreien wie er.

»Du hast aber zwei Fallen, und ich hab nur eine!« Davids Stimme schwillt zum Orkan an.

»Wenn ihr solchen Krach macht, fangen wir keine einzige Maus!«, sagt Mutti ganz leise. Und da sind beide auf einmal still. Als Anna vor dem Abendessen noch einmal in ihr Zimmer geht, schreit sie laut auf. In jeder Falle sitzt ein Mäuslein. Verzagt und ängstlich blickt jedes sie mit seinen schwarzen Knopfaugen an. Und in Davids Falle hockt ein drittes Mäuschen.

»Es ist nicht zu fassen!«, sagt Papa. Er nimmt behutsam eine Falle hoch. »Bringen wir sie schnell nach draußen!«, sagt er und zieht vor seinen Kindern her. Und Frau Huber, die noch einmal kurz über den Bürgersteig vor ihrem Haus fegt, sieht eine kleine, aus drei Personen bestehende Karawane aus Strömmers Haustür herauskommen, am Haus nach hinten vorbeigehen und im Garten verschwinden. Jeder trägt vorsichtig eine Mausefalle auf der ausgebreiteten Hand. Eine von diesen neuen besonderen Fallen, die Frau Huber bisher überhaupt noch nicht gekannt hat.

»Haben Sie was gefangen?«, fragt dann Frau Huber, als Herr Strömmer mit den beiden Kindern zurückkommt. »Und im Garten freigelassen«, antwortet er stolz.

»So viele Mäuse in Ihrer Wohnung!« Frau Huber schüttelt den Kopf.

»Wir haben noch viel mehr davon!«, ruft ihr Anna zu. »Viel, viel mehr!«, bekräftigt David das, was seine Schwester sagt.

Nach dem Abendessen sitzen bereits wieder drei Mäuse in den Fallen und warten darauf, dass sie in den Garten getragen werden.

»Das kann doch gar nicht wahr sein!«, sagt Mutti und schüttelt den Kopf.

»Schon sechs!«, schreit Vati, als er mit den Kindern und den leeren Fallen zum zweiten Mal aus dem Garten zurückkommt. Er zeigt seine ganze rechte Hand mit den ausgestreckten fünf Fingern und den Daumen der linken Hand der Frau Huber, die ihm hinter der Fensterscheibe zunickt und dann wirklich mit beiden Händen Beifall klatscht.

»Wir sind gut!«, lacht Anna. »Wirklich gut!«

»Supermäusefänger!«, sagt David.

»Und Mäusefreilasser!«, fügt Anna hinzu.

Papa und die Kinder sind unermüdlich. Als sie wieder mit drei frisch gefangenen Mäusen in den Garten wollen, steht Frau Huber vor der Haustür und will gerade klingeln.

»Ich habe mir da was überlegt!«, sagt sie und blickt misstrauisch auf die drei kleinen Mäuse in den drei Fallen. »Könnte es nicht sein, dass eure Arbeit ganz umsonst ist?«, fragt sie und wiegt bedenklich den Kopf.

»Wieso?«, fragt Herr Strömmer höflich. Aber wer ihn genau kennt, merkt, dass seine Stimme ein bisschen ärgerlich klingt.

»Sie tragen die Mäuse zwar hinaus!«, sagt Frau Huber, »aber vielleicht kommen sie alle wieder heimlich ins Haus zurück!«

»Unmöglich!«, sagt Herr Strömmer.

»Ich bin halt bloß eine alte Frau! Und ich meine ja nur!«, antwortet Frau Huber bedächtig. »Und: Nichts für ungut!«

Da hält Papa sie schon am Arm fest. »Vielleicht haben Sie recht!«, sagt er, »Aber wie bekommen wir das heraus?«

»Vielleicht mit Farben!«, sagt Frau Huber und muss unwillkürlich lächeln. Sie muss daran denken, dass der kleine David zuallererst von den Ostermäuschen gesprochen hat.

»Einfach jedem Mäuschen einen Farbklecks aufs Fell!«, sagt Mutti, die jetzt hinzugekommen ist. Sie versteht genau, was Frau Huber meint. »Mäuse mit einem Farbklecks in der Falle haben wir dann vorher schon einmal in den Garten getragen!«

»Genau!«, lacht Frau Huber.

»Danke!« Herr Strömmer verbeugt sich leicht vor Frau Huber.

»Eine tolle Idee!«, sagt Anna.

»Super!«, setzt David noch obendrauf und blickt Frau Huber bewundernd an.

Das tut Frau Huber gut. Unendlich gut!

Noch an diesem Abend erhalten die nächsten Gefangenen kleine Farbpunkte auf ihr Fell, bevor sie im Garten wieder freigelassen werden.

Und das ist gut. So können auch in den nächsten Tagen alle deutlich sehen, dass alle Mäuse, die noch in der Wohnung und dann auf dem Speicher gefangen werden, bestimmt Original-Wohnungsmäuse und nicht aus dem Garten wieder herauf und zurückgekommen sind.

»Was machen eure Ostermäuse?«, fragt Frau Huber dann ein paar Tage später den kleinen David und ihre Stimme klingt ein wenig besorgt.

»Neunzehn Mäuse haben wir gefangen!«, berichtet der Kleine stolz. »Jetzt suchen sie sich eine neue Heimat im Garten oder noch weiter, hat mein Vater gesagt!«

Frau Huber nickt. »Heute habt ihr keine mehr gefangen?«

David schüttelt den Kopf.

»Und gestern?«

»Auch nicht!« Er lacht ihr zu. »Seit Mittwoch keine mehr! Wir haben keine einzige Maus mehr bei uns im Haus!« Es klingt so, als täte ihm das ein bisschen leid.

»Was meinst du? Ob ihr mir eure modernen Mausefallen einmal ausleihen könnt?«

Und als der Kleine sie höchst verwundert anblickt, fügt sie gleich hinzu: »Ich glaube, jetzt habe ich auch Mäuse in meiner Wohnung.«

Da rennt der kleine David nach Hause so schnell er nur kann, drückt mit beiden Daumen abwechselnd auf die Klingel und schreit: »Mutti, Mutti, die Frau Huber hat auch Mäuse! Darf ich ihr beim Fangen helfen?«

Und Frau Huber blickt ihm nach.

Ja, heute wird es für Frau Huber auch ganz bestimmt kein langweiliger Tag werden. Und schuld daran sind ganz allein die Ostermäuse.

Quellenverzeichnis

Texte

S. 7: Eugen Roth, Vor Ostern © Thomas Roth.

S. 20 f.: Norbert Landa, Fünf Merksätze für den Umgang mit Osterhasen, aus: Norbert Landa, Leselöwen-Osterhasengeschichten illustriert von Hanne Türk © 1991 Loewe Verlag GmbH, Bindlach.

S. 22 ff.: Rolf Krenzer, Grubers Osterdekoration, aus: Die schönsten Geschichten zur Frühlings- und Osterzeit, Rolf Krenzer, 1997 Freiburg (Breisgau) Herder © Rolf Krenzer Erben, Dillenburg.

S. 28 f.: Gerhard Polt/Hanns Christian Müller, Nikolausi. Erschienen in: Gerhard Polt. Circus Maximus © 2002 by KEIN & ABER AG Zürich–Berlin.

S. 36 f.: Alexander Roda Roda, Der Osterhase, aus: Das große Roda Roda Buch © Paul Zsolnay Verlag Wien 1988.

S. 41 ff.: Erich Kästner, Die Entlarvung des Osterhasen. Geschichten und Gedichte. Hrsg. Sylvia List © Atrium Verlag, Zürich 2013, S. 35–40.

S. 50 ff.: Eugen Skasa-Weiß, Vom Ehrgeiz älterer Osterhasen, aus: E. S.-W., Von hinten besehen. Feuilletons © Klett-Cotta, Stuttgart 1984. Abdruck mit freundlicher Genehmigung des Verlages und der Erbengemeinschaft Skasa-Weiß.

S. 56 ff.: Rolf Krenzer, Ostermäuschen © Rolf Krenzer Erben, www.rolfkrenzer.de.

Bilder

Alle Hasenschattenrisse: © stock.adobe.com/Diana;

S. 9, 25, 34, 43, 52, 58: © stock.adobe.com/ruskpp;

S. 10: © World Archive/Alamy Stock Foto;

S. 54: © stock.adobe.com/olesyaturchuk

Auf den Seiten 10 und 39 im Buch finden Sie die Feldhasen-Darstellungen des Nürnberger Malers Hans Hoffmann (um 1530–1591/2). Die Darstellung auf Seite 39 wurde dabei vom Maler mit Dürers Monogramm und der Jahreszahl 1528, dem Todesjahr von Albrecht Dürer, versehen.